The Adventures of Mousekin

A Bilingual English–Spanish Storybook for Children

Las Aventuras de Ratóncito

Un cuento bilingüe inglés–español para niños

TIINA HODDY

© Copyright 2025 Tiina Hoddy
All rights reserved.

No part of this publication may be reproduced, stored in a retrieval system, or transmitted in any form or by any means—electronic, mechanical, photocopying, recording, or otherwise—without the prior written permission of the author or publisher.
Published by Mistletoe Publishing
ISBN: 978-1-9192693-6-8
Printed and distributed by IngramSpark
All text and illustrations © Tiina Hoddy.
First published in 2025 by Mistletoe Publishing
Printed in the United States / United Kingdom

© Copyright 2025 Tiina Hoddy
Todos los derechos reservados.

Ninguna parte de esta publicación puede reproducirse, almacenarse o transmitirse por ningún medio electrónico, mecánico o de fotocopia sin el permiso previo por escrito del autor o del editor.
Publicado por Mistletoe Publishing
ISBN: 978-1-9192693-6-8
Impreso y distribuido por IngramSpark
Todo el texto y las ilustraciones © Tiina Hoddy.
Primera edición publicada en 2025 por Mistletoe Publishing
Impreso en los Estados Unidos / Reino Unido

Reindeer
Reno

Northern Lights
Auroras Boreales

Bed
Cama

Sleigh
Trineo

Bunny
Conejito

Santa
Papá Noel

Lantern
Linterna

Mousekin
Ratóncito

Chritsmas stocking
Calcetín de Navidad

Footsteps
Huellas

Present
Regalo

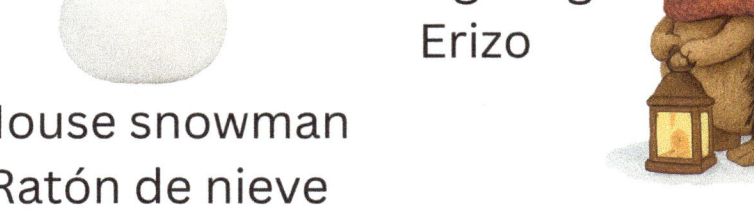
Mouse snowman
Ratón de nieve

Hedgehog
Erizo

The Lost Present in the Snow

El Regalo Perdido en la Nieve

Snow fell thick and fast, covering the woodland paths in a sparkling white blanket.

Mousekin trotted along, his little suitcase bumping against his knee. That was when he saw it — a parcel, half-buried in the snow!

The paper was bright red, tied with a green ribbon. Mousekin brushed it off and gasped.

"A lost present! Someone must be missing this terribly."

La nieve caía densa y rápida, cubriendo los senderos del bosque con un brillante manto blanco.

Ratóncito avanzaba trotando, con su pequeña maleta golpeándole la rodilla. Fue entonces cuando lo vio: ¡un paquete, medio enterrado en la nieve!

El papel era de un rojo brillante, atado con una cinta verde. Ratóncito lo sacudió y se quedó sin aliento.

"¡Un regalo perdido! Alguien debe estar echándolo mucho de menos."

He tucked the parcel under his arm and set off down the path.
 "I must find the owner," he whispered, his whiskers twitching in the frosty air.

Soon he came to a cozy burrow, smoke curling from its tiny chimney. He knocked, and a hedgehog in a knitted shawl opened the door.

"Oh my! What a snowy evening to be out," she said kindly.
 "Did you lose this?" Mousekin asked, holding out the parcel.

The hedgehog shook her head. "No, little one. My gifts are all here. But you're thoughtful to return it." She gave him a lantern. "Take this to light your way."

Guardó el paquete bajo el brazo y siguió por el sendero.
 "Debo encontrar al dueño," susurró, con los bigotes temblando en el aire helado.
Pronto llegó a una madriguera acogedora, con humo que salía de su diminuta chimenea. Llamó, y un erizo con un chal tejido abrió la puerta.

"¡Vaya! Qué noche tan nevada para andar fuera," dijo amablemente.
 "¿Perdiste esto?" preguntó Ratóncito, extendiendo el paquete.

El erizo negó con la cabeza. "No, pequeño. Mis regalos están todos aquí. Pero es muy considerado de tu parte devolverlo." Le entregó un farol. "Toma esto para alumbrar tu camino."

Mousekin trudged on, the lantern glowing warmly against the cold. Snowflakes swirled like silver stars around him.

In a clearing, he spotted three bunnies building a snowmouse with twig arms and a berry nose.

"Excuse me!" Mousekin called. "Did you drop this present?"

The bunnies giggled and shook their heads. "Not ours! But we saw a sleigh earlier, rushing by with presents piled high. Maybe it fell from there?"

Ratóncito siguió avanzando, con el farol brillando cálidamente contra el frío. Los copos de nieve giraban a su alrededor como estrellas plateadas.

En un claro, vio a tres conejitos construyendo un muñeco de nieve con brazos de ramas y una nariz de baya.

"¡Disculpad!" llamó Ratóncito. "¿Se os cayó este regalo?"

Los conejitos rieron y negaron con la cabeza. "¡No es nuestro! Pero vimos un trineo antes, que pasaba a toda prisa con los regalos apilados bien alto. ¿Quizá se cayó de allí?"

Mousekin's heart leapt. "A sleigh! That must be it."
 He hurried through the snowy trees, following the trail of tiny hoofprints and sled marks.

At last, he heard jingling bells and saw a reindeer shaking snow from his antlers beside a tall fir tree.

Mousekin bowed politely. "Good evening, sir. Did you lose this parcel?"

The reindeer smiled kindly. "Not mine, little one. But I saw Father Christmas's sleigh pass this way. Perhaps it belongs to him."

El corazón de Ratóncito dio un salto. "¡Un trineo! Debe ser ese."
Se apresuró entre los árboles nevados, siguiendo el rastro de huellas pequeñas y marcas del trineo.

Por fin, oyó cascabeles y vio a un reno sacudiendo la nieve de sus astas, junto a un alto abeto.

Ratóncito hizo una reverencia cortés. "Buenas noches, señor. ¿Perdió este paquete?"

El reno sonrió amablemente. "No es mío, pequeñín. Pero vi pasar el trineo de Papá Noel por aquí. Tal vez le pertenezca a él."

Mousekin gasped. "Father Christmas!"

He tucked the parcel safely under his arm and pushed on, snow crunching under his boots.

Through the trees, he saw a glow — not lantern-light, but a golden shimmer in the sky.

There stood the sleigh, gleaming red and gold, piled with gifts of every shape and size. And beside it, Father Christmas himself, checking his list.

Ratóncito dio un respingo. "¡Papá Noel!"

Guardó el paquete bajo su brazo y siguió adelante, con la nieve crujiendo bajo sus botas.

Entre los árboles, vio un resplandor — no era la luz de la linterna, sino un brillo dorado en el cielo.

Allí estaba el trineo, reluciente en rojo y dorado, lleno de regalos de todos los tamaños. Y junto a él, el mismo Papá Noel, revisando su lista.

Mousekin hurried forward. "Excuse me, sir! I found this in the snow. Is it yours?"

Father Christmas turned, his eyes twinkling. "Ah, Mousekin! You've saved the day. That present slipped away when the sleigh bumped a snowy hill." He took the parcel gently, then bent low.

"You are a most helpful little mouse. Without you, a child might have woken tomorrow to find no gift under their tree."

Mousekin beamed with pride.

Ratóncito corrió hacia adelante. "¡Disculpe, señor! Encontré esto en la nieve. ¿Es suyo?"

Papá Noel se volvió, con los ojos chispeando. "¡Ah, Ratóncito! Has salvado el día. Ese regalo se cayó cuando el trineo dio un salto en una colina nevada."

Tomó el paquete con cuidado y luego se agachó.

"Eres un ratón muy servicial. Sin ti, un niño podría haberse despertado mañana sin un regalo bajo su árbol."

Ratóncito sonrió lleno de orgullo.

Father Christmas reached into his sack. "Brave and kind mice deserve a thank-you."

He handed Mousekin a tiny package, wrapped in silver paper and tied with a golden bow.

"For me?" Mousekin squeaked.

"For you," Father Christmas said warmly.

The reindeer gave a merry jingle of his bells, and the sleigh rose into the snowy night.

Papá Noel metió la mano en su saco. "Los ratoncitos valientes y amables merecen un agradecimiento."

Le entregó a Ratóncito un pequeño paquete, envuelto en papel plateado y atado con un lazo dorado.

"¿Para mí?" chilló Ratóncito.

"Para ti," dijo Papá Noel con cariño.

El reno hizo sonar alegremente sus cascabeles, y el trineo se elevó hacia la noche nevada.

Mousekin carried his silver parcel all the way home. His little house glowed with candlelight as he pushed open the door.

Inside, he set the present by his bed but didn't open it yet.

Instead, he whispered, "Tonight I gave someone else a Christmas surprise. That's the best gift of all."

He curled up in his patchwork quilt, the lantern by his side, and drifted into dreams as snowflakes danced softly outside.

Ratóncito llevó su paquete plateado hasta casa. Su pequeña casita brillaba con la luz de las velas cuando abrió la puerta.

Dentro, colocó el regalo junto a su cama pero no lo abrió todavía.

En cambio, susurró: "Esta noche le di a alguien más una sorpresa de Navidad. Ese es el mejor regalo de todos."

Se acurrucó bajo su edredón de retazos, con la linterna a su lado, y se quedó dormido mientras los copos de nieve danzaban suavemente afuera.

Mousekin and the Spring Fair

Ratóncito y La Feria de Primavera

Hedgehog
Erizo

Stall
Puestro

Lantern
Linterna

Squirrel
Ardilla

Deer
Ciervo

Mousekin
Ratoncito

Bird
Pájaro

Buttefly
Mariposa

Rabbit
Conejo

Tree
Árbol

Carrot cake
Pastel de zanahoria

Drum
Tambor

Spring had finally arrived in the forest. Soft breezes carried the scent of blooming flowers, and butterflies fluttered in the warm sunshine.

Birds chirped from the treetops, filling the air with cheerful music. Mousekin skipped along the winding path with a happy heart, carrying his little basket.

Today was the Spring Fair, and all his friends were busy preparing. He could hardly wait to see everything.

Por fin había llegado la primavera al bosque. Las suaves brisas traían el aroma de las flores en flor, y las mariposas revoloteaban bajo el sol cálido.

Los pájaros cantaban desde las copas de los árboles, llenando el aire de música alegre. Ratoncito saltaba por el sendero con el corazón contento, llevando su pequeña cesta.

Hoy era la Feria de Primavera, y todos sus amigos estaban ocupados preparando. Apenas podía esperar para verlo todo

By the riverbank, the rabbits were busy baking tall, fluffy carrot cakes. Sweet smells drifted into the air, making Mousekin's tummy rumble.

"Do you need help?" Mousekin asked, stepping closer.

"Yes, please!" the rabbits said, smiling gratefully.

Mousekin carefully placed the little cakes into his basket, making sure not to drop even one. "These will be the tastiest treats at the fair," he said proudly.

A la orilla del río, los conejitos estaban ocupados horneando esponjosos pasteles de zanahoria. Deliciosos olores flotaban en el aire, haciendo que la pancita de Ratoncito gruñera.

"¿Necesitan ayuda?" preguntó Ratoncito, acercándose.

"¡Sí, por favor!" dijeron los conejitos con una gran sonrisa.

Ratoncito colocó con cuidado los pastelitos en su cesta, asegurándose de no dejar caer ni uno. "Estos serán los dulces más ricos de la feria," dijo orgulloso.

Further along the path, Mousekin spotted Hedgehog huffing and puffing, trying to carry a big lantern almost as tall as himself.

"I can't lift it!" Hedgehog groaned.

Mousekin hurried to help, and together they balanced the lantern between them. With a heave, they managed to hang it on a strong branch of a blossoming tree.

"Now the fair will shine even brighter!" Hedgehog cheered, and Mousekin clapped his paws.

Más adelante en el camino, Ratoncito vio al Erizo resoplando y bufando, intentando cargar un farol casi tan alto como él mismo.

"¡No puedo levantarlo!" gimió.

Ratoncito corrió a ayudar, y juntos equilibraron el farol entre los dos. Con un gran esfuerzo, lograron colgarlo en una fuerte rama de un árbol florecido.

"¡Ahora la feria brillará aún más!" celebró Erizo, y Ratoncito aplaudió con sus patitas.

At the fairground, Deer was struggling to decorate a tall wooden arch with colorful garlands.

"It's much too high!" Deer sighed.

Mousekin spotted a little ladder and climbed up carefully, tying the ribbons so they fluttered in the spring breeze.

"Perfect!" said Deer, stepping back to admire their work.

The arch now looked bright and welcoming, ready for all the visitors.

En el terreno de la feria, el Ciervo luchaba por decorar un alto arco de madera con guirnaldas de colores.

"¡Está demasiado alto!" suspiró.

Ratoncito vio una escalerita y subió con cuidado, atando las cintas para que ondearan con la brisa primaveral.

"¡Perfecto!" dijo el Ciervo, retrocediendo para admirar su trabajo.

El arco ahora se veía alegre y acogedor, listo para todos los visitantes.

At last, the Spring Fair began! Stalls filled the clearing, each one decorated with flowers, lanterns, and bright ribbons.

The smell of cakes, fresh bread, and honey drifted through the air.

Musicians played lively tunes while children danced and laughed.

Mousekin's eyes sparkled as he looked around. Everywhere he turned, there was something wonderful to see.

¡Por fin, la Feria de Primavera comenzó! Los puestos llenaron el claro, cada uno decorado con flores, faroles y cintas brillantes.

El olor a pasteles, pan fresco y miel flotaba en el aire. Los músicos tocaban melodías animadas mientras los niños bailaban y reían.

Los ojos de Ratoncito brillaban mientras miraba a su alrededor. Dondequiera que miraba, había algo maravilloso que ver.

But in the middle of all the fun, Mousekin noticed a little squirrel sitting quietly under a tree.

"What's wrong?" he asked gently.

The squirrel's eyes filled with tears. "I lost my toy drum," she sniffled. "I was going to play in the music parade, but now I can't."

Mousekin put a paw on her shoulder. "Don't worry, we'll find it together," he promised.

Pero en medio de toda la diversión, Ratoncito notó a una ardillita sentada en silencio bajo un árbol.

"¿Qué pasa?" preguntó suavemente.

Los ojitos de la ardillita se llenaron de lágrimas. "Perdí mi tambor de juguete," sollozó. "Iba a tocar en el desfile musical, pero ahora no puedo."

Ratoncito puso una patita en su hombro. "No te preocupes, lo encontraremos juntos," prometió.

Mousekin and his friends began to search everywhere. They peeked under the tables, behind the stalls, and even inside the picnic baskets.

The fair was busy and noisy, but they didn't give up.

At last, Hedgehog gave a shout. "Here it is!" He held up the tiny drum he had found near the cake stand.

The little squirrel leapt with joy, hugging her toy tightly.

Ratoncito y sus amigos empezaron a buscar por todas partes. Miraron debajo de las mesas, detrás de los puestos e incluso dentro de las cestas de picnic.

La feria estaba llena de gente y ruido, pero no se dieron por vencidos.

Al fin, Erizo gritó. "¡Aquí está!" Levantó el tamborcito que había encontrado cerca del puesto de pasteles.

La ardillita saltó de alegría, abrazando su juguete con fuerza.

That evening, the fair ended with dancing under the lanterns. Fireflies twinkled as music filled the night air.

Mousekin twirled with his friends, laughing until his sides ached.

He thought of all the ways everyone had worked together that day.

"What a perfect day," he whispered as the stars sparkled above.

Esa tarde, la feria terminó con bailes bajo los faroles. Las luciérnagas brillaban mientras la música llenaba el aire nocturno.

Ratoncito giraba con sus amigos, riendo hasta que le dolían los costados.

Pensó en todas las maneras en que todos habían trabajado juntos ese día.

"Qué día perfecto," susurró mientras las estrellas brillaban arriba.

Mousekin and the Summer Picnic

Ratoncito y el Picnic de Verano

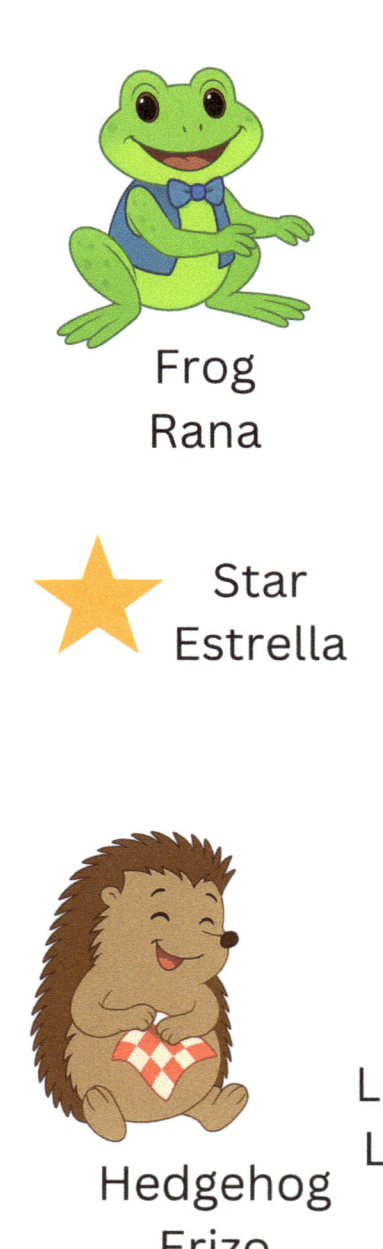

Frog
Rana

River
Rio

Bee
Abeja

Mousekin
Ratoncito

Star
Estrella

Sun
Sol

Tree
Árbol

Cloud
Nube

Napkin
Servilleta

Hedgehog
Erizo

Lemonade
Limonada

Rain
Lluvia

Butterfly
Mariposa

Squirrel
Ardilla

Blanket
Manta

Dragonfly
Libélula

Tart
Tarta

Rainbow
Arcoíris

Summer had arrived, filling the meadow with light and laughter. The air was warm, and the hum of bees mixed with the gentle rustle of tall grass. Mousekin woke early, excited for the day ahead.

He packed his little basket with berries, honey cakes, and a soft blue cloth.

"Everything must look perfect for the picnic!" he said proudly, setting off down the sunny path.

Había llegado el verano, llenando el prado de luz y risas. El aire era cálido, y el zumbido de las abejas se mezclaba con el suave susurro de la hierba alta. Ratoncito se despertó temprano, emocionado por el día que le esperaba.

Llenó su pequeña cesta con moras, pastelitos de miel y un suave paño azul.

"¡Todo debe verse perfecto para el picnic!" dijo con orgullo, mientras emprendía el camino bajo el sol.

Down by the riverbank, Frog was already busy arranging a checkered blanket. The water sparkled like glass, and dragonflies skimmed across the surface.

"Good morning, Mousekin!" croaked Frog cheerfully. "The water's perfect today!"

Mousekin helped spread the plates and cups, making sure everything was neat. "This will be the best picnic ever," he said, nodding with satisfaction.

A la orilla del río, la Rana ya estaba ocupada colocando una manta de cuadros. El agua brillaba como un espejo, y las libélulas rozaban la superficie con sus alas.

"¡Buenos días, Ratoncito!" croó la Rana alegremente. "¡El agua está perfecta hoy!"

Ratoncito ayudó a colocar los platos y las tazas, asegurándose de que todo quedara ordenado. "Este será el mejor picnic de todos," dijo, asintiendo con satisfacción.

Soon, Squirrel and Hedgehog arrived, each carrying something special. Hedgehog puffed and huffed under the weight of a big jug of lemonade, while Squirrel balanced a tray of strawberry tarts.

 "Careful, careful!" Mousekin called as he ran to help. Together they placed everything safely on the blanket.

"Now," said Hedgehog, wiping his brow, "let's sit down before I melt!" Everyone giggled.

Pronto llegaron la Ardilla y el Erizo, cada uno trayendo algo especial. El Erizo resoplaba bajo el peso de una gran jarra de limonada, mientras la Ardilla equilibraba una bandeja de tartas de fresa.

"¡Cuidado, cuidado!" gritó Ratoncito mientras corría a ayudarlos. Juntos colocaron todo a salvo sobre la manta.

"Ahora," dijo el Erizo, secándose la frente, "¡sentémonos antes de que me derrita!" Todos se echaron a reír.

Just as they were settling down, a strong gust of wind swept through the meadow. Napkins twirled, paper cups rolled away, and one of the berry tarts flipped right onto Frog's head!

Everyone burst into laughter. Mousekin ran after the flying napkins, holding on to his red cap.

"Come back, silly napkins!" he shouted, as butterflies scattered in the breeze.

Justo cuando estaban acomodándose, una fuerte ráfaga de viento barrió el prado. Las servilletas giraron por el aire, los vasos de papel rodaron, ¡y una de las tartas de fresa aterrizó justo en la cabeza de la Rana!

Todos estallaron en carcajadas. Ratoncito corrió detrás de las servilletas voladoras, sujetando su gorra roja.

"¡Vuelvan aquí, servilletas traviesas!" gritó, mientras las mariposas se dispersaban con la brisa.

When the wind calmed, the friends began to play. They rolled berries down the hill, made daisy chains, and skipped stones across the river. Frog, of course, won the skipping contest — he was an expert!

Then they lay down on the grass, watching clouds drift by.

"That one looks like a cake," said Squirrel.

"And that one looks like Mousekin's hat!" Hedgehog added with a grin.

Cuando el viento se calmó, los amigos empezaron a jugar. Hicieron rodar moras por la colina, tejieron coronas de margaritas y lanzaron piedras planas sobre el río. La Rana, por supuesto, ganó el concurso — ¡era una experta!

Luego se tumbaron sobre la hierba, observando las nubes pasar.
"Esa parece un pastel," dijo la Ardilla.

"¡Y esa parece la gorra de Ratoncito!" añadió el Erizo con una sonrisa.

But soon, the sky darkened, and a low rumble echoed across the fields. "Oh dear, rain's coming!" Hedgehog squeaked.

Quickly, Mousekin packed up the food while everyone dashed under a big oak tree.

They huddled close together as raindrops began to fall, soft and cool against the summer air.

Pero pronto, el cielo se oscureció, y un trueno bajo resonó a lo lejos. "¡Ay no, se acerca la lluvia!" chilló el Erizo.

Rápidamente, Ratoncito guardó la comida mientras todos corrían a refugiarse bajo un gran roble.

Se acurrucaron juntos mientras las gotas de lluvia caían, suaves y frescas contra el aire veraniego.

After a few minutes, the rain stopped as quickly as it had come. The clouds drifted away, and a glowing rainbow stretched across the sky.

"Look!" gasped Frog. "It's like the bridge to the clouds!"

Mousekin spread out the blanket again. "Then let's have dessert under the rainbow!" he said, handing out the last honey cakes as the sun sparkled on the wet grass.

A los pocos minutos, la lluvia se detuvo tan rápido como había llegado. Las nubes se alejaron, y un arcoíris brillante se extendió por el cielo.

"¡Miren!" exclamó la Rana. "¡Parece un puente hacia las nubes!"

Ratoncito volvió a extender la manta. "Entonces comamos el postre bajo el arcoíris," dijo, repartiendo los últimos pastelitos de miel mientras el sol brillaba sobre la hierba mojada.

As the day faded into gold, fireflies began to twinkle all around them. The air smelled sweet and warm.

Mousekin leaned back on the blanket, feeling tired but happy. "We laughed, we played, and we shared everything," he said softly. "That's what makes a perfect summer day."

Everyone agreed — and as the stars began to appear, they waved goodnight to the meadow.

A medida que el día se tornaba dorado, las luciérnagas comenzaron a parpadear a su alrededor. El aire olía dulce y tibio.

Ratoncito se recostó sobre la manta, sintiéndose cansado pero feliz. "Reímos, jugamos y compartimos todo," dijo en voz baja. "Eso es lo que hace un día de verano perfecto."

Todos estuvieron de acuerdo — y mientras las estrellas aparecían, se despidieron del prado con un suave adiós.

Mousekin and the Magical Forest

Ratóncito y el Bosque Mágico

Fairy
Hada

Forest
Bosque

Golden leaf
Hoja dorada

House
Casa

Path
Sendero

Mousekin
Ratoncito

Magic dust
Polvo mágico

Mushroom
Seta

Leaf
Hoja

Fern
Helecho

Basket
Cesta

Mushroom house
Casa de seta

The forest was waking up under a soft blanket of golden mist. A few leaves drifted lazily through the air, spinning and twirling before settling on the damp moss below.

Mousekin tied his red cap, picked up his little basket, and smiled. "What a perfect day for an adventure," he said. "The forest always feels so different in autumn — like it's whispering secrets."

He sniffed the crisp air and set off down the winding path, his paws crunching softly over the fallen leaves.

El bosque despertaba bajo una suave neblina dorada. Algunas hojas caían lentamente, girando y dando vueltas antes de posarse sobre el musgo húmedo.

Ratóncito se ajustó su gorra roja, tomó su pequeña canasta y sonrió. "Qué día perfecto para una aventura," dijo. "El bosque siempre parece distinto en otoño… como si susurrara secretos."

Aspiró el aire fresco y siguió el sendero, con las patitas crujendo suavemente sobre las hojas caídas.

The deeper he walked, the quieter the forest became. The birds were still, and even the breeze had hushed. Only the faint drip of dew from the branches could be heard.

Then Mousekin noticed a strange light flickering in the distance — soft and golden, like sunlight trapped beneath the trees.

He crept closer, pushing aside a fern. There, hidden in a hollow, was a perfect circle of mushrooms glowing faintly like tiny lanterns.

"How curious!" he whispered, his whiskers twitching with wonder.

Cuanto más se adentraba, más silencioso se volvía el bosque. Los pájaros callaban, y hasta el viento parecía contener la respiración. Solo se oía el goteo suave del rocío cayendo de las ramas.

Entonces Ratóncito notó una luz extraña a lo lejos — suave y dorada, como si el sol se hubiera quedado atrapado entre los árboles.

Se acercó despacio, apartando un helecho. Allí, escondido en un hueco, había un círculo perfecto de hongos que brillaban débilmente, como pequeñas linternas.

"¡Qué curioso!" susurró, con los bigotes temblando de asombro.

In the middle of the mushroom circle stood a tiny house made from a toadstool. Its acorn roof had rolled to the side, and beside it fluttered a very small fairy with golden wings drooping in the damp air.

"Oh dear, oh dear," she sighed. "The rain last night blew my roof away! How will I ever fix it?"

Mousekin's heart filled with kindness. "Don't worry," he said. "I'll help you put it right."

The fairy looked up, surprised. "You will?"
"Of course!" said Mousekin. "Friends help friends — even tiny ones!"

En medio del círculo de hongos había una casita hecha de una seta. Su techito de bellota se había rodado a un lado, y junto a él revoloteaba un hada muy pequeña, con alas doradas que caían tristes por la humedad.

"¡Ay, ay!" suspiró. "La lluvia de anoche me voló el techo. ¿Cómo podré arreglarlo ahora?"

El corazón de Ratóncito se llenó de ternura. "No te preocupes," dijo. "Te ayudaré a repararlo."

El hada lo miró sorprendida. "¿De verdad lo harás?"
"¡Claro que sí!" respondió Ratóncito. "Los amigos se ayudan, aunque sean diminutos."

Mousekin fetched a large leaf to use as a cover, and together they lifted the little acorn roof back into place. He tucked soft moss around the edges and swept away the soggy twigs.

"Perfect," said the fairy, clapping her tiny hands. "Now it's even better than before!"

Just then, a friendly snail appeared, carrying a pebble on his shell. "For the doorstep," he said proudly.

Mousekin grinned. "It's beautiful! Every home needs a doorstep."

Ratóncito trajo una hoja grande para usarla como cubierta, y juntos levantaron el pequeño techo de bellota. Colocó musgo suave alrededor de los bordes y barrió las ramitas mojadas.

"Perfecto," dijo el hada, aplaudiendo con sus manitas diminutas. "¡Ahora está mejor que antes!"

En ese momento apareció un caracol amistoso, llevando una piedrecita sobre su concha. "Para la entrada," dijo orgulloso.

Ratóncito sonrió. "¡Es preciosa! Toda casa necesita una entrada."

When the work was done, the fairy fluttered into the air, her wings sparkling again. "Thank you, dear friends! For your kindness, I'll share something very special."

She twirled gracefully and a trail of golden dust floated through the forest. Everywhere it touched, things began to glow — mushrooms, leaves, even tiny droplets of dew.

Mousekin gasped. "It's beautiful!"

"This," said the fairy, "is the secret light of the forest. It shines for those who have kind hearts."

Cuando terminaron, el hada voló hacia el aire, con las alas brillando nuevamente. "¡Gracias, queridos amigos! Por su bondad, compartiré algo muy especial."

Giró con gracia, y una estela de polvo dorado flotó por el bosque. Donde tocaba, todo empezaba a brillar: los hongos, las hojas, incluso las gotitas de rocío.

Ratóncito exclamó: "¡Es precioso!"

"Esto," dijo el hada, "es la luz secreta del bosque. Brilla para los corazones bondadosos."

The fairy floated down and handed Mousekin a golden leaf that shimmered softly in the glow.

"A gift of friendship," she said. "When you feel lost, look for this light, and the forest will guide you home."

Mousekin bowed politely. "Thank you, Fairy. I'll keep it safe forever."

The snail nodded wisely. "A fine gift indeed."

El hada bajó flotando y entregó a Ratóncito una hoja dorada que brillaba suavemente en la luz.

"Un regalo de amistad," dijo. "Cuando te sientas perdido, busca esta luz, y el bosque te mostrará el camino a casa."

Ratóncito hizo una pequeña reverencia. "Gracias, Hada. La guardaré siempre."

El caracol asintió con sabiduría. "Un regalo magnífico, sin duda."

The golden glow faded slowly, leaving the forest peaceful once more. Mousekin looked around — everything seemed a little brighter, a little more alive.

The fairy waved from her doorway. "Goodbye, brave Mousekin!" she called.

"Goodbye, Fairy! Goodbye, Snail!" he replied. "Thank you for the magic!"

El resplandor dorado se desvaneció lentamente, dejando el bosque tranquilo otra vez. Ratóncito miró a su alrededor: todo parecía un poco más brillante, un poco más vivo.

El hada saludó desde su puerta. "¡Adiós, valiente Ratóncito!" llamó.

"¡Adiós, Hada! ¡Adiós, Caracol!" respondió él. "¡Gracias por la magia!"

As the stars began to twinkle, Mousekin followed the path home. The golden leaf glowed softly in his basket, lighting the way.

When he reached his little house, he set it beside his bed. "The forest is full of magic," he whispered, "if you take time to see it."

Outside, the night breeze rustled the leaves, and somewhere in the distance, a fairy laughed.

Cuando las estrellas empezaron a brillar, Ratóncito siguió el camino a casa. La hoja dorada resplandecía suavemente en su canasta, iluminando su paso.

Al llegar a su casita, la colocó junto a su cama. "El bosque está lleno de magia," susurró, "si uno se detiene a mirar."

Afuera, el viento nocturno movía las hojas, y en la distancia, se escuchó la risa de un hada.

www.ingramcontent.com/pod-product-compliance
Lightning Source LLC
Chambersburg PA
CBHW041217240426
43661CB00012B/1075